G. Robert McConnell

INTRIGUE À PARIS

aquila

AQUILA COMMUNICATIONS LTD
TORONTO • MONTRÉAL

TABLE DES MATIÈRES

PHOTOS : Jean-Marie Del Moral : pages 5, 16, 17, 21, 29, 30, 31, 35, 38, 45, 48, 54. Atlas photo, Paris : page 10. Services officiels français du tourisme, Montréal : pages 15, 23, 24, 28, 33, 39, 40, 41, 42, 46, 47. Robert Williams : couverture et page 34.

ISBN 0-88510-072-7
9 8 7 6 5 4 3 2 1   9 8 7 6 5 4 3 2 1

Dépôt légal 2e trimestre 1981
Bibliothèque nationale du Québec
Bibliothèque nationale du Canada

Composition typographique, impression et reliure réalisées au Canada pour Éditions Aquila Limitée, Montréal.

Introduction

This new series of youth-oriented readers is intended for the intermediate student of French. The importance of a strong reading component in a successful French program cannot be overemphasized. And yet, of the four basic language skills — understanding, speaking, reading and writing —, the "receptive" skills of understanding and reading have often tended to be neglected in the beginning and intermediate years of French instruction. The reasons for this have been manifold, ranging from an overemphasis in certain published programs on the "expressive" skills of speaking and writing, to a serious dearth of reading material suited to both the maturity and linguistic level of the developing student of French.

In recent years, however, there has been an increasing awareness of the central role that the passive skills, particularly reading, should play in a well-balanced French program. The new emphasis on reading is based upon the inescapable reality that reading is the specific skill which students of French are most likely to use once their formal instruction in the language has ended. Depending upon the extent of their contact with French during their school years, as adults our students will utilise their reading ability in the language to decipher material ranging from novels and newspapers to menus and roadsigns. Of equal importance, it should be borne in mind that, of the four language skills, reading is the one which is easiest to acquire and which is retained longest.

The action in each of the adventures in the series takes place in a different francophone setting in order to introduce students to the varied cultural, geographic and topographic features of the French-speaking areas of the world.

From a linguistic point of view, extreme care has been taken to create dialogue which is unerringly authentic and yet clearly understandable to the intermediate student of French. The structures employed are limited and carefully controlled, while the lexical load has been lightened by the use of as many cognates as possible.

The books feature copious and varied exercises, as well as a page-by-page and end-of-book lexicon, and are richly illustrated to provide visual stimulus and reinforcement for the adventures.

Each individual title in the series has been piloted by teachers and students prior to publication. Their positive reactions and encouragement have confirmed our belief in the important role this series can play in the development of a viable, balanced program in French as a second language.

G. Robert McConnell

3

Le Sacré-Cœur

Le centre Montparnasse

1

C'est le dix juillet. Il pleut cet après-midi à Paris. Des fenêtres de son bureau au vingtième étage du centre Montparnasse, un homme solitaire contemple le ciel gris. C'est un homme de cinquante ans, mince, assez petit, les cheveux gris. Rien d'extraordinaire... un homme comme beaucoup d'autres de son âge. Dans la rue, personne ne fait attention à lui. On ne le remarque pas dans la foule. 5

Dans sa profession, cette caractéristique est une qualité, une arme essentielle. Avec l'intelligence et le courage, elle fait souvent la différence entre la vie et la mort. Cet homme, c'est Marcel Vautour, le plus célèbre détective privé de France, la terreur du monde du crime. 10

Tout à coup, la porte de son bureau s'ouvre et son assistant, Pierre, entre. Pierre, ex-sergent de police, est un homme trapu de trente-cinq ans. Il est complètement dévoué à Vautour. 15

étage (m.) — *floor*
foule (f.) — *crowd*
mince — *thin*

monde (m.) — *world*
tout à coup — *suddenly*
trapu — *stocky*

Pierre : Excusez-moi, chef, mais il y a un appel téléphonique pour vous.

Vautour : Il n'y a pas de mal, Pierre. Est-ce que c'est
urgent ?

Pierre : Oui, très urgent. C'est un appel de Nice. 5

Vautour : De Nice ! Qui est-ce ?

Pierre : L'appel est de Philippe de Colbert. C'est son secrétaire qui est à l'appareil.

Vautour : Philippe de Colbert ! C'est un des plus riches
industriels de France ! Qu'est-ce qu'il veut, Pierre ? 10

Pierre : Je ne sais pas. Son secrétaire a dit que de Colbert
ne veut parler qu'à vous.

Vautour : Bon. On va voir.

*Vautour décroche le récepteur d'un téléphone sur son
bureau. Pendant quelques minutes, il parle avec Philippe de* 15
*Colbert. Son visage est très sérieux. Enfin, il raccroche et se
tourne vers son assistant.*

Vautour : Pierre, nous allons tout de suite à l'aéroport. Le
jet privé de Philippe de Colbert attend pour nous emmener à Nice. 20

Pierre : Mais, de quoi s'agit-il, chef ?

Vautour : Je sais seulement qu'il s'agit d'une menace
contre sa fille. Colbert va nous donner les détails à
Nice.

Exercices

A.   Vrai ou faux ?
1.   C'est le quinze mai.
2.   Marcel Vautour a trente ans.
3.   Marcel Vautour est assez petit.
4.   Philippe de Colbert est un riche industriel.
5.   Philippe de Colbert va venir à Paris.

---

décrocher — *to lift, unhook*
industriel (m.) — *industrialist*

B. Choisissez la réponse juste.

1. Le bureau de Marcel Vautour se trouve
   a) au premier étage;
   b) au huitième étage;
   c) au vingtième étage.
2. L'assistant de Vautour s'appelle
   a) Jacques;
   b) Pierre;
   c) Marcel.
3. L'appel téléphonique est de
   a) Nice;   b) Paris;   c) New York.

C. Répondez en français aux questions suivantes.

1. Quel temps fait-il cet après-midi à Paris ?
2. Quelle caractéristique de Vautour est une arme essentielle dans sa profession ?
3. Quelle est la profession de Marcel Vautour ?
4. Quel âge a Pierre ?
5. Qu'est-ce qui attend à l'aéroport ?
6. Où vont Vautour et Pierre ?
7. De quoi est-ce qu'il s'agit dans la conversation entre Vautour et Colbert ?

D. Trouvez dans le texte l'équivalent de :

1. fameux   4. finalement
2. soudain   5. immédiatement
3. totalement

E. Trouvez dans le texte le contraire de :

1. ordinaire   2. la mort   3. pauvre

F. Trouvez dans le texte :

1. un mois de l'année   3. deux villes françaises
2. une couleur

G. Mettez ces mots en ordre pour former une bonne phrase.

1. on / dans / ne / pas / remarque / la / Vautour / foule
2. ex-sergent / police / est / Pierre / de
3. visage / est / de / Vautour / le / très / sérieux

Mini-project

With the aid of an encyclopedia or other reference materials in your school library, prepare and present to the class a report on the city of Paris. Remember to mention such aspects as history, population, major attractions, etc.

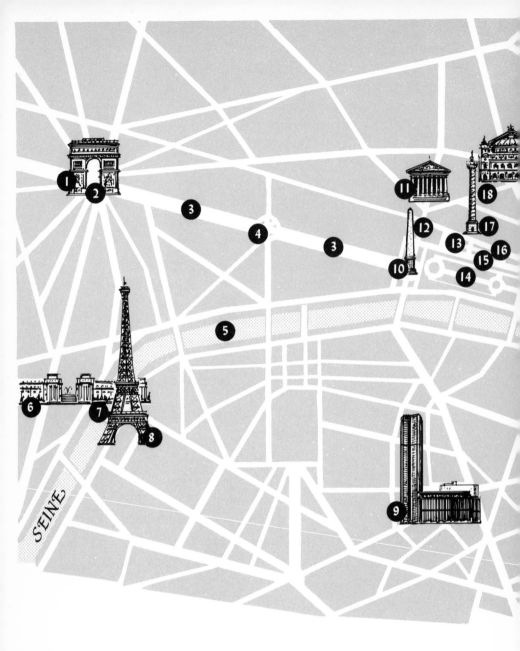

PLAN DE PARIS

1. Arc de Triomphe
2. Place Charles-de-Gaulle
3. Avenue des Champs-Élysées
4. Rond-point des Champs-Élysées
5. Seine
6. Palais de Chaillot
7. Pont d'Iéna
8. Tour Eiffel
9. Tour Montparnasse
10. Obélisque et place de la Concorde
11. Église de la Madeleine
12. Rue Royale
13. Rue du Mont-Thabor
14. Jardin des Tuileries
15. Rue de Rivoli
16. Rue du Faubourg Saint-Honoré
17. Place Vendôme
18. Boulevard des Capucines

Le port de Nice

2

    Une heure plus tard, dans l'avion de Philippe de Colbert, Vautour et Pierre quittent la pluie de Paris pour le soleil de Nice. Quand ils arrivent à l'aéroport de Nice, il y a une Rolls Royce pour les conduire chez monsieur de Colbert. Le milliardaire les attend dans le port, à bord de son yacht Le Requin. *Colbert est un homme grand, à peu près du même âge que Vautour. Il a les yeux perçants, très noirs, le teint bronzé par le soleil, et il est complètement chauve. Quand il se présente à Vautour, ses gestes sont très nerveux.*

5

---

chauve —*bald*
milliardaire (m.) — *billionaire*

pluie (f.) — *rain*
teint (m.) —*complexion*

Colbert : Bienvenue à Nice, monsieur. Vous ne pouvez pas savoir combien je suis heureux de vous voir. *(Il indique Pierre.)* Est-ce que nous pouvons parler tête à tête ?

Vautour : Je n'ai pas de secrets pour Pierre, monsieur. 5 Vous pouvez parler librement.

Colbert : Bon. Comme vous savez, il s'agit d'une menace contre ma fille, Christine.

Vautour : Quel âge a-t-elle ?

Colbert : Elle a dix-sept ans et c'est ma fille unique. Elle 10 fréquente une école privée à Nice.

Pierre : De quelle sorte de menace parlez-vous, monsieur ?

Colbert : Lisez cette lettre, messieurs. Je l'ai reçue ce matin. 15

D'une main tremblante, Colbert leur donne la lettre. Elle est tapée à la machine.

DANGER POUR CHRISTINE À PARIS. ON
VA LA KIDNAPPER. GARDEZ VOTRE
FILLE À NICE. 20

Vautour : Mais pourquoi «danger à Paris» ? Vous dites que Christine va à l'école à Nice.

Colbert : C'est vrai, mais elle a l'intention de partir demain pour Paris.

Pierre : Elle va à Paris seule ? 25

Colbert : Non, elle y va avec deux camarades de classe, Louise Vavin et Brigitte Fortier.

Vautour : Elles y vont pour les festivités du quatorze juillet ?

Colbert : C'est ça. Demain, c'est le onze. Elles veulent vi- 30 siter Paris pendant quelques jours, puis participer à la grande fête du quatorze juillet.

Vautour : Est-ce que Christine est au courant de cette lettre ?

---

fête (f.) —*celebration*   tête à tête — *privately*
tapé — *typed*

Colbert : Non. Pas encore. Je compte sur vos conseils dans cette affaire.

Vautour : Il y a seulement deux possibilités, monsieur. Ou cette lettre est une farce ou Christine est vraiment en danger. En tout cas, elle doit aller à Paris. 5

Pierre : Pardon, chef ? Vous n'êtes pas sérieux !

Colbert (Étonné.) : Comment ? Aller à Paris quand sa vie est peut-être en danger ! Vous plaisantez, monsieur !

Vautour : Au contraire. C'est la seule solution possible 10 dans cette affaire. Si c'est une farce, il ne faut pas gâcher le voyage de Christine.

Colbert (Toujours très nerveux.) : Et si ce n'est pas une farce ?

Vautour : Dans ce cas, c'est à Paris que nous allons avoir 15 le plus de chance d'attraper les kidnappeurs.

Pierre : À Paris, nous pouvons suivre Christine jour et nuit. Si les kidnappeurs existent vraiment, nous allons les trouver.

Vautour : Autrement, vous allez passer des années avec 20 la peur... la peur de l'inconnu. Christine ne va pas mener une vie normale.

Colbert : Vous avez raison. Si les kidnappeurs existent, il faut les trouver. Ma famille ne peut pas passer sa vie sous la menace. C'est comme la prison. 25

Pierre : Nous avons beaucoup d'expérience dans ce domaine, monsieur. Vous pouvez compter sur nous.

Colbert : Je dois avouer que je suis très inquiet, mais je vous fais confiance, messieurs. Maintenant, il faut expliquer la situation à Christine. 30

Vautour : Non !

Colbert : Mais pourquoi pas ?

Vautour : Si Christine connaît la situation, elle va être nerveuse.

Pierre : Et les kidnappeurs vont soupçonner que nous 35 sommes au courant de leurs projets.

attraper — *to catch*	gâcher — *to spoil*	plaisanter — *to joke*
avouer — *to confess*	inquiet — *nervous*	soupçonner — *to suspect*
conseils (m. pl.) — *advice*	mener — *to lead*	
farce (f.) —*joke*	peur (f.) —*fear*	

Colbert : Bon ! Je comprends. Mais promettez-moi de la surveiller tout le temps.

Vautour : C'est une promesse, monsieur de Colbert. Maintenant, s'il vous plaît, donnez-moi une photo de votre fille et l'itinéraire complet de Christine et de ses deux amies pour les quatre prochains jours. 5

Philippe de Colbert appuie sur un bouton et, tout de suite, son secrétaire entre dans la pièce.

Colbert (À son secrétaire.) : Michel, prépare une copie de l'itinéraire de Christine pour monsieur Vautour. 10

Michel : Tout de suite, monsieur. *(À Vautour et à Pierre.)* Messieurs, suivez-moi dans mon bureau, s'il vous plaît.

Colbert : Monsieur Vautour, ma fille m'est très chère. Si la menace est réelle, je compte sur vous pour la pro- 15 téger. Toute ma fortune est à votre disposition.

Vautour : Ne vous inquiétez pas. Pour les prochains jours, Christine est sous notre protection. Une dernière chose, monsieur.

Colbert : Oui ? 20

Vautour : Vous permettez que je garde la lettre d'avertissement ?

Colbert : Mais certainement.

Vautour et Pierre serrent la main à Colbert, puis ils suivent le secrétaire dans son bureau. 25

Exercices

A.   Vrai ou faux ?
1.   Vautour et Pierre voyagent à Nice en auto.
2.   Colbert attend le détective à bord de son yacht.
3.   Christine va à Paris avec son père.

---

avertissement : lettre d'avertissement — *warning letter*
itinéraire (m.) — *itinerary*
pièce (f.) — *room*

protéger — *to protect*
surveiller — *to watch*
tout de suite — *immediately*

4. Vautour promet de surveiller Christine tout le temps à Paris.

5. Le secrétaire de Philippe de Colbert s'appelle Jacques.

B. Corrigez les phrases suivantes.
1. Colbert a les cheveux bruns.
2. Il y a une menace contre le fils de monsieur de Colbert.
3. Christine a seize ans.
4. À Paris, Christine veut participer aux festivités du quatorze juin.
5. Colbert est prêt à payer 10 000 francs pour protéger Christine.

C. Répondez en français aux questions suivantes.
1. Faites une description de Philippe de Colbert. (Quatre détails.)
2. Qu'est-ce que Colbert a reçu ce matin ?
3. Demain, qu'est-ce que Christine a l'intention de faire ?
4. Selon Vautour, pourquoi est-ce que Christine doit aller à Paris ?
5. Quelles trois choses est-ce que Colbert donne à Vautour ?

D. Trouvez dans le texte l'équivalent de :
1. content
2. durant
3. réellement
4. surpris
5. bien sûr

E. Trouvez dans le texte le contraire de :
1. petit   4. impossible
2. blanc   5. perdre
3. calme

F. Utilisez chacune des expressions suivantes dans une phrase pour en démontrer le sens.
1. tête à tête   2. une farce   3. gâcher

Mini-project
With the aid of an encyclopedia or other reference materials in your school library, prepare and present to the class a report on the city of Nice. Remember to mention such aspects as history, population, major industries, etc.

Gare de Lyon

3

Le lendemain matin, à neuf heures, Vautour et Pierre sont à la gare Centrale de Nice. Debout sur le quai, ils font semblant de lire des journaux, mais en réalité ils surveillent trois jeunes filles qui attendent le train de Paris.

---

gare (f.) — *railway station*

semblant: faire semblant — *to pretend*

Pierre (Bas à Vautour.) : La grande fille mince aux che-
veux noirs, c'est Christine, n'est-ce-pas ?
Vautour : Oui, c'est elle; et la brunette, c'est Brigitte.
Pierre : Alors, la petit blonde, c'est Louise.
Vautour : Exactement.   5

   *Dix minutes plus tard, le train entre en gare. Christine,
Louise et Brigitte prennent leurs valises pour monter dans le
train.*

Vautour : Vite, Pierre, suivons les jeunes filles ! Il ne faut
   pas les perdre de vue !   10

   *Vautour et Pierre trouvent des places dans un comparti-
ment près de celui des jeunes filles. Le train quitte la gare et
c'est le départ pour Paris. Dix heures plus tard, le train arrive
à la gare de Lyon à Paris. Christine, Louise et Brigitte descendent sur le quai, suivies de près par Vautour et Pierre.*   15

_____

suivre — *to follow*   vue (f.) — *sight*

Christine (À Louise et à Brigitte.) : Paris ! Nous voici enfin !

Brigitte : Quatre jours de liberté ! Pas de profs, pas de pa-
rents !

Louise : Est-ce qu'on va tout de suite à l'hôtel ? 5

Christine : Moi, j'ai faim ! Il est déjà sept heures du soir.
Je préfère manger ici et puis aller à l'hôtel.

Brigitte : Excellente idée !

Les jeunes filles se dirigent vers la sortie.

Louise : Voilà un restaurant... *Le Train bleu.* 10

Colbert : Allons-y !

*Les jeunes filles entrent dans le restaurant et prennent
un excellent repas. Assis dans un coin, Vautour et Pierre les
surveillent constamment.*

En sortant du restaurant, les trois jeunes filles prennent 15
un taxi pour l'hôtel Minerve, *situé au 13, rue des Écoles, dans
le quartier latin. Derrière elles, les détectives suivent dans un
autre taxi.*

---

assis — *seated*   faim : avoir faim — *to be hungry*

À la réception de l'hôtel, les jeunes filles parlent avec le gérant.

Christine (Au gérant.) : Nous avons réservé des chambres, monsieur.
Le gérant : À quel nom, s'il vous plaît ? 5
Christine : Colbert... Christine de Colbert.
Louise : Louise Vavin.
Brigitte : Et Brigitte Fortier.

Le gérant consulte son registre.

Le gérant : Ah oui ! Voilà. Mademoiselle de Colbert, vous 10
avez la chambre 25, au troisième étage. Mademoiselle Vavin, le 28 au même étage. Et pour mademoiselle Fortier c'est le 30, au quatrième étage. Remplissez les fiches, s'il vous plaît. Les chambres sont prêtes. 15
Les trois filles : Bien, monsieur.
Le gérant : Je regrette que les chambres donnent sur la rue, mais l'hôtel est complet. C'est la fête nationale.
Louise : On comprend, monsieur. Ce n'est pas important.

Les jeunes filles remplissent les fiches et montent à leurs 20
chambres. Elles sont fatiguées du long voyage et décident de se coucher de bonne heure. Elles ont beaucoup de projets pour le lendemain.

En face du Minerve, au coin de la rue des Écoles et de la rue du Cardinal Lemoine, Vautour et Pierre ont les yeux fixés 25
sur l'hôtel. Les jeunes filles ne sortent pas, mais les détectives voient qu'on allume dans trois chambres. Dans une de ces chambres, Louise vient à la fenêtre pour tirer les rideaux. Après un certain temps, les lumières dans les trois chambres s'éteignent l'une après l'autre. Vautour et son assistant atten- 30
dent sur le trottoir, mais les jeunes filles ne sortent pas de l'hôtel. Quand la dernière lumière s'éteint, une Renault grise stationnée en face de l'hôtel démarre à toute vitesse.

---

allumer — *to turn on the lights*
complet — *full*
démarrer — *to take off*
donner sur — *to overlook*
s'éteindre — *to go out*
face : en face de — *across from*

fatigué (f.) — *tired*
fiche (f.) — *card*
gérant (m.) — *manager*
rideau (m. — *curtain*
stationné — *parked*
trottoir (m.) — *sidewalk*

18

Pierre (À Vautour.) : Vous pensez qu'elles sont endormies, chef ?

Vautour : Oui, Pierre. Il est déjà onze heures. Elles sont sans doute fatiguées du long voyage.

Pierre : Quels sont leurs projets pour demain ? 5

Vautour sort une feuille de papier de sa poche et la consulte.

Vautour : D'après l'itinéraire, c'est l'arc de Triomphe, les Champs-Élysées et la place de la Concorde.

Pierre : Le Paris touristique, quoi ! 10

Vautour : C'est ça, Pierre. La tour Eiffel est sur la liste aussi.

Pierre : On ne va pas surveiller l'hôtel toute la nuit, n'est-ce pas, chef ?

Vautour : Mais si, Pierre. C'est notre promesse à mon- 15
sieur de Colbert. Toi, tu restes ici maintenant. Moi, je vais prendre la relève à quatre heures.

Pierre : Quel métier !

Vautour : Jusqu'ici il n'y a rien d'anormal. La menace est probablement une farce, mais il faut être certain. 20
Alors, fais bien attention.

Pierre : D'accord, chef. À tout à l'heure.

Exercices

A.   Vrai ou faux ?

1.   À la gare, Vautour et Pierre surveillent Colbert et son secrétaire.
2.   Christine et ses amies attendent le train pour Berlin.
3.   Les jeunes filles décident de manger à la gare de Lyon.
4.   L'hôtel *Minerve* se trouve dans le quartier latin.
5.   Demain, les jeunes filles vont rester à l'hôtel toute la journée.

---

métier (m.) — *job*   relève : prendre la relève — *to relieve*
projet (m.) — *plan*

B. **Choisissez la réponse juste.**

1. Christine a les cheveux
   a) bruns;
   b) blonds;
   c) noirs.

2. Le restaurant de la gare de Lyon s'appelle
   a) *Le Bon Appétit;*
   b) *Le Train bleu;*
   c) *Le Buffet.*

3. Stationnée en face de l'hôtel, il y a
   a) une Renault;   c) une Volkswagen.
   b) une Cadillac;

C. **Répondez en français aux questions suivantes.**

1. Où sont Vautour et Pierre le lendemain matin à neuf heures ?
2. Dans le train, où est-ce que Vautour et Pierre trouvent des places ?
3. Où se trouve l'hôtel *Minerve* ?
4. Pourquoi est-ce que l'hôtel est complet ?
5. Pourquoi est-ce que les jeunes filles décident de se coucher de bonne heure ?
6. Quels sont les projets des jeunes filles pour demain ?
7. Que vont faire Vautour et Pierre toute la nuit ?

D. **Trouvez dans le texte l'équivalent de :**

1. précisément   4.   la profession
2. finalement   5.   sûr
3. également

E. **Trouvez dans le texte le contraire de :**

1. assis   4.   devant
2. l'arrivée   5.   normal
3. l'entrée

F. **Trouvez dans le texte un mot de la même famille que :**

1. le jour   4.   voyager
2. libre   5.   vite
3. l'importance

G. **Mettez ces mots en ordre pour former une bonne phrase.**

1. jeunes filles / Paris / pour / prennent / le / les / train
2. sur / rue / chambres / donnent / les / la
3. la / prendre / va / Vautour / relève / heures / quatre / à

20

4

Vautour quitte Pierre. Il prend un taxi et rentre chez lui pour quelques heures de repos. Il revient à l'hôtel à quatre heures du matin pour prendre la relève. À huit heures, Pierre le rejoint pour surveiller l'hôtel. À huit heures et demie, une Renault grise passe lentement devant le Minerve et stationne à une courte distance de l'hôtel. Aussitôt, Vautour prend Pierre par le bras et le tire dans l'ombre d'un building. 5

Vautour : Pierre, regarde ça !

Pierre : Quoi ?

Vautour : La Renault grise ! 10

Pierre : Mais on a vu cette auto hier soir, n'est-ce pas ? Elle est stationnée au même endroit.

Vautour : Exactement ! Est-ce que tu peux voir la plaque ?

Pierre : Non, pas à cette distance, chef. 15

---

aussitôt — *immediately*
endroit (m.) — *place*
ombre (f.) — *shadow*

plaque (f.) — *licence plate*
repos (m.) — *rest*

Vautour : C'est peut-être une coïncidence, mais il faut vérifier. Si l'auto suit les jeunes filles, on va prendre le numéro de la plaque.

Pierre : Bien, chef.

À ce moment, Christine, Louise et Brigitte sortent de 5
l'hôtel. Devant les portes du Minerve *elles consultent un plan de Paris.*

Brigitte : Alors, nous prenons le métro à la station Cardinal Lemoine.

Louise : Oui, elle est tout près d'ici, dans la rue Monge. 10

Christine : Pour arriver à la place Charles-de-Gaulle il y a deux correspondances, n'est-ce pas ?

Brigitte (Elle indique un point sur le plan.) : Oui, ici à la station Odéon, puis à la station Châtelet.

Louise : Bon, en route ! 15

Les jeunes filles descendent la rue des Écoles et se dirigent vers la station de métro. Les détectives ont les yeux fixés sur la Renault grise. Elle ne bouge pas. Les trois amies tournent un coin et disparaissent. La Renault grise ne bouge toujours pas. 20

Pierre : La Renault ne suit pas les jeunes filles, chef. C'est des ennuis pour rien.

Vautour : Peut-être, Pierre, peut-être. Pour le moment, tu sembles avoir raison.

Vautour et Pierre se précipitent après les jeunes filles. 25
Ils ont juste le temps de monter dans la voiture de métro derrière elles. Une demi-heure plus tard, suivies des détectives, les trois jeunes filles descendent du métro à la place Charles-de-Gaulle*. Elles traversent la place par le passage souterrain et arrivent à l'arc de Triomphe. 30

---

*La place de l'Étoile s'appelle maintenant officiellement place Charles-de-Gaulle.

bouger — *to move*
correspondance (f.) — *transfer*
disparaître — *to disappear*
ennui (m.) — *worry*

métro (m.) — *subway*
souterrain — *underground*
vérifier — *to check*

Rond-point et Champs-Élysées

Christine : Regardez ! Il y a un ascenseur pour monter au sommet !
Louise : On le prend ?
Brigitte : Oui, allons-y !

Au sommet de l'arc de Triomphe, les jeunes filles sont 5
impressionnées par la magnifique vue de Paris.

Christine : C'est incroyable ! D'ici on voit toute la ville !
Louise : Oui, c'est fantastique ! Voilà la Seine, Notre-Dame, la tour Eiffel...
Brigitte : Et regardez, à gauche il y a l'église du Sacré- 10
Cœur !
Christine : Quelle est la grande rue juste devant nous ?

---

ascenseur (m.) — *elevator*

Les Champs-Élysées et l'Arc de Triomphe

Louise (Elle consulte son plan de Paris.) : C'est l'avenue des Champs-Élysées. Nous la prenons pour aller à la place de la Concorde.

Brigitte : C'est là où il y a l'Obélisque, n'est-ce pas ?

Louise : Oui, c'est ça. Regarde bien, tu peux le voir d'ici.   5

Toujours suivies de Vautour et de Pierre, les trois jeunes filles prennent l'ascenseur et descendent au pied de l'arc de Triomphe. Elles traversent la place de l'Étoile par le passage souterrain et commencent à descendre l'avenue des Champs-Élysées. Derrière elles, Vautour saisit Pierre par le   10 *bras et lui montre une auto stationnée au coin de la rue.*

Vautour : Pierre, regarde la voiture là-bas !

Pierre : C'est la Renault grise !

24

Vautour : Quel est le numéro de la plaque ?

Pierre : C'est 5518-LX75.

Vautour : Voilà une cabine téléphonique. Téléphone à tes anciens collègues à la police. Il faut tout savoir sur le propriétaire de cette auto. Dis que c'est très urgent. 5

Pierre : Très bien, chef.

Pierre entre dans la cabine téléphonique. À cet instant, la Renault grise démarre et disparaît parmi les centaines d'autos sur la place de l'Étoile. Après quelques minutes, Pierre sort de la cabine téléphonique. 10

Pierre : C'est fait, chef. La voiture appartient à monsieur Jacques Beaubien. Je dois retéléphoner dans trois heures pour un rapport complet sur lui.

Vautour : Excellent, Pierre. Maintenant, il ne faut pas perdre de vue les jeunes filles. 15

Exercices

A. Vrai ou faux ?

1. Vautour rentre chez lui en métro.
2. Devant l'hôtel, les jeunes filles consultent un plan de Nice.
3. Les jeunes filles visitent l'arc de Triomphe.
4. Il y a un ascenseur pour monter au sommet de l'arc de Triomphe.
5. Pierre va retéléphoner à la police dans trois heures.

---

ancien — *former*

appartenir — *to belong*

cabine : cabine (f.) téléphonique — *telephone booth*

propriétaire (m.) — *owner*

B. **Corrigez les phrases suivantes.**
1. Vautour va chez lui, puis il revient à l'hôtel à six heures d soir.
2. Une Volkswagen rouge passe lentement devant l'hôte
3. Les jeunes filles prennent le métro à la station *Opéra.*
4. Les jeunes filles traversent la place de l'Étoile e autobus.
5. Le numéro de la plaque de la voiture grise est 4417-PZ5

C. **Répondez en français aux questions suivantes.**
1. Pourquoi est-ce que Vautour rentre chez lui ?
2. Si la Renault grise suit les jeunes filles, qu'est-ce que le détectives vont faire ?
3. Nommez quatre choses que les jeunes filles voient d sommet de l'arc de Triomphe.
4. Où se trouve l'Obélisque mentionné par les jeune filles ?
5. Qui est Jacques Beaubien ?

D. **Trouvez dans le texte l'équivalent de :**
1. immédiatement
2. une voiture
3. précisément
4. montrer
5. merveilleux

E. **Trouvez dans le texte le contraire de :**
1. le soir
2. vite
3. derrière
4. jamais
5. tôt

F. **Utilisez chacune des expressions suivantes dans une phras pour en démontrer le sens.**
1. surveiller
2. une correspondance
3. un ascenseur

Mini-project

With the aid of an encyclopedia or other reference materials i your school library, prepare and present to the class a report on th *église Notre-Dame.*

26

5

Vautour et Pierre suivent Christine, Brigitte et Louise le long des Champs-Élysées. Les jeunes filles regardent les belles vitrines des magasins et les Parisiens élégants qui se

---

long : le long de — *along*

Place de la Concorde

promènent par ce beau jour de juillet. En route vers la place de la Concorde, les jeunes filles s'arrêtent à un café-terrasse. Elles s'assoient et commandent des boissons froides. Vautour et Pierre s'assoient à une table d'où ils peuvent surveiller les trois amies. Deux beaux jeunes gens, d'une vingtaine d'années, prennent place à une table à côté des jeunes filles.   5

Louise *(À Christine et à Brigitte.)* : Il est déjà onze heures et demie. Où est-ce qu'on va déjeuner ?

Brigitte : On peut toujours rester ici et commander un sandwich.   10

Christine : Moi, j'ai faim. Je veux un repas complet. Consulte ton guide, Louise. Est-ce qu'il y a des restaurants recommandés près de la place de la Concorde ?   15

---

boisson (f.) — *drink*   repas (m.) — *meal*
commander — *to order*

Le jardin des Tuileries

Louise *(Elle consulte le guide.)* : Oui, il y a une longue liste. Mais comment est-ce qu'on peut savoir quels restaurants sont les meilleurs ?

Les deux jeunes gens assis à côté d'elles offrent d'aider les jeunes filles et suggèrent Le Soufflé, un excellent restaurant dans la rue du Mont Thabor, près de la place de la Concorde. Les trois amies remercient les jeunes gens, finissent leurs boissons et continuent leur promenade vers la place de la Concorde. Une demi-heure plus tard, les jeunes filles arrivent à la place de la Concorde, puis elles passent par le jardin des Tuileries et traversent la rue de Rivoli. Ensuite, elles se dirigent vers la place Vendôme, tournent dans la rue du Mont Thabor et arrivent au restaurant Le Soufflé. Les détectives les suivent de très près. Il n'y a aucun signe de la Renault grise. 15

Au restaurant, un garçon de table leur apporte des menus.

L'église de la Madeleine

Le garçon *(Aux trois jeunes filles.)* : Vous prenez un apéritif, mesdemoiselles ?

Louise : Non, merci.

Brigitte : De l'eau minérale pour moi, s'il vous plaît.

Le garçon : Bien, mademoiselle. *(À Christine.)* Et pour   5
vous ?

Christine : Pas d'apéritif, mais apportez-moi la liste des
vins, s'il vous plaît.

Le garçon : Tout de suite, mademoiselle.

Le serveur les laisse dix minutes avec les menus, puis il   10
revient à la table. Les jeunes filles commandent trois soufflés
croûte d'or, remplis de poulet et, comme vin, une bouteille de
Bourgogne blanc. Pour le dessert, elles choisissent le soufflé
au Grand Marnier. *C'est un repas tout à fait délicieux.*

Vers deux heures, les jeunes filles paient l'addition et   15
quittent le restaurant. Elles suivent la rue Saint-Honoré, tour-

---

addition (f.) —*bill*   rempli — *filled*
poulet (m.) — *chicken*   serveur (m.) — *waiter*

L'Opéra

nent à droite à la rue Royale et continuent jusqu'à l'église de
la Madeleine. Elles visitent cette belle église, puis elles
montent le boulevard des Capucines jusqu'à l'Opéra. Près de
l'Opéra, elles décident de passer l'après-midi à faire des
emplettes aux Galeries Lafayette, un des plus grands maga-   5
sins à rayons de Paris.

Vautour (À Pierre.) : Il est temps de retéléphoner à la
    police. Il nous faut ce rapport sur le propriétaire de la
    Renault grise aussitôt que possible.

Pierre : Très bien, chef.   10

Vautour : Ensuite, va chez toi pour te reposer un peu.
    Moi, je vais suivre les filles. On se revoit à l'hôtel
    Minerve à sept heures. Nous avons une longue soi-
    rée devant nous. Christine et ses amies vont à la dis-
    cothèque ce soir.   15

Pierre : Bien, chef. À ce soir.

---

emplette (f.) : faire des emplettes —
   to go shopping

rayons : magasin (m.) à rayons —
   department store

Exercices

A. **Vrai ou faux ?**
1. Vautour et Pierre suivent la Renault grise.
2. Les jeunes filles s'arrêtent à un café-terrasse pour commander un sandwich.
3. *Le Soufflé* se trouve dans la rue du Mont Thabor.
4. Les jeunes filles quittent le restaurant vers trois heures.
5. Les détectives vont se revoir à l'hôtel *Minerve*.

B. **Choisissez la réponse juste.**
1. À côté des jeunes filles au café-terrasse il y a
   a) des policiers;
   b) deux jeunes gens;
   c) un acteur célèbre.
2. Les deux jeunes gens offrent
   a) de suivre les jeunes filles;
   b) de payer l'addition des jeunes filles;
   c) d'aider les jeunes filles.
3. La *Madeleine* est
   a) une église;
   b) un musée;
   c) une discothèque.

C. **Répondez en français aux questions suivantes.**
1. Qu'est-ce que les jeunes filles regardent le long des Champs-Élysées ?
2. Où se trouve le restaurant *Le Soufflé* ?
3. Qu'est-ce que les jeunes filles prennent comme dessert ?
4. Que font les jeunes filles aux Galeries Lafayette ?
5. Pourquoi est-ce que Vautour dit à Pierre de retéléphoner à la police ?
6. Où vont Christine et ses amies ce soir ?

D. **Trouvez dans le texte l'équivalent de :**
1. désirer
2. immédiatement
3. un garçon de table

Fête de nuit à la Concorde

E.   **Trouvez dans le texte le contraire de :**
1.   chaud
2.   vieux
3.   jamais
4.   impossible
5.   derrière

F.   **Trouvez dans le texte :**
1.   le mot qui indique un habitant de Paris
2.   un mois de l'année
3.   deux parties de la journée

G.   **Mettez ces mots en ordre pour former une bonne phrase.**
1.   dans / guide / il y a / liste / de / longue / restaurants / le / une
2.   soufflés / trois / commandent / jeunes filles / les
3.   se / reposer / va / peu / Pierre / un

Un café-terrasse

6

    À sept heures du soir, Pierre rejoint Vautour en face de l'hôtel Minerve.

Vautour : Alors, tu as le rapport ?

Pierre : Jacques Beaubien, le propriétaire de la Renault grise, est le président d'une maison d'édition pari-   5
sienne. Il a quarante-deux ans. Il habite la banlieue avec sa femme, ses deux enfants et son chien. Il va à l'église tous les dimanches. Il n'a pas de dossier cri- minel. Bref, c'est un citoyen modèle.

Vautour : Et sa voiture qu'on voit toujours devant l'hôtel,   10
c'est une coïncidence, tu crois ?

Pierre : Il a peut-être des clients dans la rue des Écoles.

Vautour : Et à la place de la Concorde ? Non, Pierre, c'est possible mais ce n'est pas probable. La menace contre Christine me semble de plus en plus réelle.   15

    À ce moment-là, les trois jeunes filles sortent de l'hôtel. Vautour et Pierre les suivent jusqu'à un café-terrasse dans le

---

banlieue (f.) — *suburbs*
dossier (m.) — *record*

édition : maison (f.) d'édition —
publishing house

quartier latin où elles prennent un sandwich. Il n'y a aucun signe de la Renault grise. Les jeunes filles quittent le restaurant et continuent leur promenade. Elles tournent enfin sur le boulevard Saint-Germain et entrent dans la discothèque Le Roméo. Les détectives attendent quelques minutes avant de les suivre. Vautour surveille bien la rue. Il n'y a toujours aucun signe de la Renault grise.

Dans la discothèque, Vautour et Pierre ont de la difficulté à s'habituer aux lumières clignotantes, au volume de la musique et à la fumée épaisse. Enfin, ils voient Christine, Louise et Brigitte sur la piste de danse.

Pierre : Les voilà ! Elles dansent avec les jeunes, là-bas.
Vautour : Ah, oui.

Vautour ne semble pas reconnaître les deux jeunes gens qui dansent avec Christine et Louise, mais ce sont les mêmes jeunes Parisiens qui étaient assis à côté de Christine, Louise et Brigitte ce matin dans le café des Champs-Élysées.

Pierre (Très excité.) : Regardez, chef ! Ce sont les deux jeunes gens qu'on a vus ce matin !

clignotant — *flashing*	lumière (f.) — *light*
fumée (f.) — *smoke*	piste (f.) de danse — *dance floor*
s'habituer — *to get used to*	

Vautour (Il garde son calme habituel.) : Ah oui, Pierre. Tu as raison. Ce sont les jeunes gens des Champs-Élysées.

Pierre : Vous pensez qu'ils sont impliqués dans l'affaire ? 5

Vautour ne répond pas, mais il regarde fixement les jeunes gens qui dansent avec Christine et Louise.

À deux heures du matin, les trois jeunes filles quittent la discothèque et retournent à l'hôtel. Les détectives les suivent à une courte distance. Quand ils arrivent en vue de l'hôtel, ils 10 *voient une auto stationnée devant la porte du* Minerve. *C'est la Renault grise ! Quand les jeunes filles entrent dans l'hôtel, l'auto démarre et part à toute vitesse.*

Pierre : Chef, voilà la Renault grise ! Je ne crois plus aux coïncidences. Il faut faire quelque chose ! 15

Vautour (Très calme.) : Quoi exactement, Pierre ?

Pierre : Il faut avertir la police ! Il faut arrêter le propriétaire de la Renault ! Je suis certain qu'il y a une vraie menace contre Christine et qu'il en est responsable ! 20

Vautour : Mais, Pierre, on ne peut pas l'arrêter ! Ce n'est pas un crime de stationner devant l'hôtel *Minerve.*

Pierre : Mais il faut faire quelque chose !

Vautour : Tout ce qu'on peut faire, c'est surveiller Christine tout le temps. Si monsieur Beaubien est un kid- 25 nappeur, il va se montrer. Entretemps, il faut rester calme et attendre. D'après l'itinéraire nous avons encore une longue journée devant nous demain.

Exercices

A. **Vrai ou faux ?**

1. Jacques Beaubien est professeur.
2. Jacques Beaubien est un criminel bien connu.

---

arrêter — *to arrest*
avertir — *to warn*

croire — *to believe*
plus : ne ... plus — *no longer*

3. Les jeunes filles vont à un café-terrasse dans le quartier latin.
4. Les détectives vont souvent à la discothèque.
5. Quand les filles retournent au *Minerve*, la Renault grise est devant la porte de l'hôtel.

B. Corrigez les phrases suivantes.
1. Jacques Beaubien a cinquante ans. Il habite Nice.
2. Le *Roméo* est un cinéma.
3. La Renault grise suit les jeunes filles à la discothèque.
4. Christine et Louise dansent avec Vautour et Pierre.
5. Pierre veut arrêter les deux jeunes gens.

C. Répondez en français aux questions suivantes.
1. Combien d'enfants a Jacques Beaubien ?
2. Pourquoi est-ce que Vautour pense que la menace contre Christine semble de plus en plus réelle ?
3. Qui sont les jeunes gens qui rencontrent les jeunes filles à la discothèque ?
4. Que fait la Renault grise quand les jeunes filles entrent dans l'hôtel ?
5. Selon Vautour, qu'est-ce qu'il faut faire ?

D. Trouvez dans le texte l'équivalent de :
1. une auto   4. précisément
2. finalement   5. sûr
3. montrer

E. Trouvez dans le texte le contraire de :
1. sortir
2. calme
3. le soir

F. Trouvez dans le texte :
1. un animal
2. un jour de la semaine
3. un quartier de Paris

G. Trouvez dans le texte un mot de la même famille que :
1. rapporter
2. une cité
3. difficile
4. menacer
5. la responsabilité

L'église Notre-Dame

7

Comme la première nuit, les détectives se partagent la surveillance de l'hôtel. Le matin, à neuf heures, Vautour et Pierre sont tous les deux en face du Minerve.

Les jeunes filles prennent le petit déjeuner à l'hôtel, puis

---

se partager — *to share*

Place des Vosges

elles quittent le Minerve *et se dirigent vers la station de métro
Maubert-Mutualité. Vautour et Pierre les suivent et descendent après elles à l'île de la Cité. Christine, Louise et
Brigitte visitent tout d'abord la Sainte-Chapelle, une des plus
anciennes églises de Paris. Ensuite, elles passent par le*   5
*marché aux Fleurs et arrivent à l'église Notre-Dame. En quit-
tant l'église, elles prennent le pont Saint-Louis, passent par
l'île Saint-Louis, et se dirigent vers la place des Vosges, la
plus ancienne place résidentielle de Paris. Il n'y a aucun
signe de la Renault grise. Les détectives commencent à se*   10
*calmer un peu, mais ils surveillent Christine à chaque pas.
Tous les deux croient maintenant que la menace contre elle
est réelle.*

 *Les trois jeunes filles décident ensuite de visiter le
célèbre* marché aux Puces. *Elles passent une demi-heure à*   15
*acheter des souvenirs et des cadeaux pour des amis à Nice,
puis elles cherchent un restaurant pour déjeuner. Suivies des
détectives, Christine, Louise et Brigitte entrent dans un petit
restaurant du quartier,* Chez Lisette.

---

cadeau (m.) — *gift*   église (f.) — *church*
deux : tous les deux — *both*

Marché aux Puces

    Pendant le repas, les trois filles parlent de leurs projets pour l'après-midi.

Louise : Alors, qu'est-ce qu'on fait cet après-midi ?
Brigitte : Tu as l'itinéraire, n'est-ce pas, Christine ?
Christine (Elle consulte une feuille de papier.) : Oui, oui,   5
    attendez un instant. Bon. Cet après-midi, on va à la
    butte Montmartre.
Louise : Qu'est-ce qu'on va y voir ?

L'église du Sacré-Cœur

Christine : Il y a tout d'abord l'église du Sacré-Cœur...

Brigitte : Puis, juste à côté, il y a la place du Tertre.

Louise : La place du Tertre ?

Christine : Oui, c'est la place des artistes à Paris. On dit
que c'est fascinant.

Louise : Alors, allons-y !

*Les trois jeunes filles paient l'addition. Puis, elles quittent
le Chez Lisette et prennent le métro. Elles descendent à la*

5

Place du Tertre

station Anvers. Là, sur une colline devant elles, il y a le Sacré-Cœur, une des plus célèbres églises de Paris. Pour monter la colline, les amies prennent le funiculaire. Elles visitent l'église tout d'abord, puis elles font le tour de la place du Tertre. Elles admirent les belles peintures et s'amusent   5
beaucoup à regarder les caricatures offertes par les artistes du quartier.

    Pour se reposer un peu les trois amies s'assoient à la terrasse du Sabot Rouge, *un restaurant de la place du Tertre. Parce qu'il fait chaud ce beau jour de juillet, elles com-   10
mandent des boissons froides. Tout à coup, Pierre saisit Vautour par le bras. Il indique une auto qui traverse lentement*

---

colline (f.) − *hill*   peinture (f.) − *painting*
funiculaire (m.) − *cable car*   quartier (m.) − *district*

la place. *C'est la Renault grise ! Il y a un homme barbu dedans. Au même instant, deux jeunes gens sortent de la foule, saluent les trois jeunes filles, et s'assoient à leur table. C'est les mêmes deux jeunes gens des Champs-Élysées et de la discothèque.*

5

Pierre (Très excité.) : Regardez, chef ! La Renault grise traverse la place et, tout à coup, ces deux jeunes gens apparaissent pour s'asseoir avec Christine. Je suis certain que monsieur Beaubien est un kidnappeur et que ces deux jeunes voyous sont ses complices ! Il faut faire quelque chose ! 10

Vautour (Toujours très calme.) : Tout ce qu'on peut faire, Pierre, c'est surveiller Christine de très près. Jusqu'ici, il n'y a pas de crime.

Pierre (Un peu plus calme.) : Oui, chef, vous avez raison, mais je n'aime pas me sentir si impuissant. 15

Vautour : L'essentiel maintenant, Pierre, c'est la patience. Il n'y a pas de doute que monsieur Beaubien, notre citoyen modèle, suit Christine. J'ai l'impression qu'il va tenter sa chance bientôt. 20

Pierre : Alors, il faut surveiller Christine tout le temps, eh, chef ?

Vautour : Exactement, Pierre.

Exercices

A. **Vrai ou faux ?**
1. Vautour et Pierre surveillent l'hôtel ensemble toute la nuit.
2. Les jeunes filles prennent le petit déjeuner à l'hôtel.
3. La Renault grise suit les jeunes filles à l'île Saint-Louis.
4. Il y a toujours beaucoup d'artistes à la place du Tertre.
5. Vautour décide de téléphoner à la police.

---

apparaître — *to appear*
barbu — *bearded*
chance : tenter sa chance —
   to try his luck
complice (m.) — *accomplice*

foule (f.) — *crowd*
impuissant — *powerless*
saluer — *to greet*
tout à coup — *suddenly*
voyou (m.) — *hoodlum*

B. **Choisissez la réponse juste.**
1. La Sainte-Chapelle est
   a) une école;
   b) une discothèque;
   c) une église.
2. L'église du Sacré-Cœur se trouve
   a) dans le quartier latin;
   b) à côté de l'hôtel *Minerve*;
   c) à la butte Montmartre.
3. Dans la Renault grise il y a
   a) Christine, Louise et Brigitte;
   b) un homme barbu;
   c) les deux détectives.

C. **Répondez en français aux questions suivantes.**
1. En suivant les jeunes filles, pourquoi est-ce que les détectives commencent à se calmer un peu ?
2. Que font les jeunes filles au *marché aux Puces* ? (Deux choses.)
3. Comment est-ce que les jeunes filles montent la colline à l'église du Sacré-Cœur ?
4. Au *Sabot Rouge*, qui s'assoit à la table des jeunes filles ?
5. Selon Vautour, qu'est-ce qui ne fait pas de doute ?

D. **Trouvez dans le texte l'équivalent de :**
1. un copain
2. fameux
3. soudain

E. **Trouvez dans le texte le contraire de :**
1. dernière   4. froid
2. s'exciter   5. vite
3. derrière

F. **Trouvez dans le texte :**
1. un mois de l'année
2. une partie du corps
3. une marque de voiture

G. **Mettez ces mots en ordre pour former une bonne phrase.**
1. surveillent / Christine / détectives / les / pas / chaque / à
2. les / jeunes filles / admirent / peintures / belles / les
3. impuissant / se sent / très / Pierre

8

Après une demi-heure assises à la table avec les deux jeunes gens, Christine, Louise et Brigitte se lèvent pour partir. Elles leur serrent 5 la main, disent «au revoir» et, suivies des détectives, retournent à l'hôtel en taxi. Elles se reposent pendant quelques heures puis, à huit 10 heures, prennent le métro jusqu'à la rue Montparnasse. Elles ont une réservation pour le dîner à la brasserie La Coupole. Elles passent tout 15 d'abord par Le Sélect, un bistro en face de La Coupole, pour prendre un apéritif. Une demi-heure plus tard, elles traversent la rue Montpar- 20

bistro (m.) — *bar*
serrer — *to shake*

La tour Eiffel

nasse et entrent à La Coupole. *Vautour et Pierre les suivent à une courte distance. Il est très important de ne pas perdre Christine de vue. Les détectives sont certains que sa vie est en danger. Cependant, pendant toute la soirée il n'y a aucun signe ni de la Renault grise ni des deux jeunes gens.* 5

    À minuit, les jeunes filles retournent au Minerve. *Comme d'habitude, Vautour et Pierre se partagent la surveillance de l'hôtel pendant la nuit. À huit heures du matin, les deux détectives se trouvent ensemble en face de l'hôtel.*

Pierre : Une nuit calme, n'est-ce pas, chef ? 10

Vautour : Oui, Pierre, trop calme... aucun signe de la Renault grise... zéro.

Pierre : Qu'est-ce que Christine, Louise et Brigitte vont faire aujourd'hui ?

Vautour (Il consulte l'itinéraire.) : Ce matin, c'est la tour 15 Eiffel et une promenade en bateau mouche. Après le

---

bateau (m.) mouche − *sightseeing boat*

Un bateau mouche sur la Seine

déjeuner, c'est une courte visite au centre Pompidou.

Pierre : Et ensuite ?

Vautour : Ensuite, les jeunes filles ont l'intention de regarder les grands défilés de la fête nationale sur les   5
Champs-Élysées.

Pierre : Zut ! Vous avez raison, chef, c'est aujourd'hui le
quatorze juillet ! C'est la fête nationale ! Les filles
repartent pour Nice demain matin, n'est-ce pas ?

Vautour : C'est ça, Pierre. Alors, s'il y a un kidnapping,   10
c'est pour aujourd'hui.

*À cet instant, Christine, Louise et Brigitte sortent de
l'hôtel. Suivies des détectives, elles prennent le métro
jusqu'à la station Trocadéro. Elles descendent, passent par le
palais de Chaillot et traversent le pont d'Iéna pour visiter la*   15
tour Eiffel.

*Ensuite, elles retournent au pont d'Iéna pour faire une
promenade sur la Seine en bateau mouche. Les détectives*

---

défilé (m.) — *parade*   pont (m.) — *bridge*
palais (m.) — *palace*

Le centre Pompidou

les suivent de très près. Ils sont prêts à protéger Christine à
tout instant, mais il n'y a aucun signe de danger.

Les jeunes filles descendent du bateau mouche et, pour
le déjeuner, commandent un sandwich dans un petit café
près de la tour Eiffel.   5

Ensuite, elles prennent le métro pour se rendre au centre Pompidou dans la rue Saint-Martin. Ce centre d'art con-
temporain et de recherche musicale est célèbre par son ar-
chitecture extraordinaire. Les trois jeunes filles sont
étonnées de voir que les tuyaux de chauffage, les escaliers et 10
les ascenseurs sont tous à l'extérieur du bâtiment. En plus, ils
sont peints de couleurs vives.

---

chauffage (m.) — *heating*   étonné — *astonished*

48

*En quittant le centre Pompidou, Christine, Louise et
Brigitte prennent le métro jusqu'à la place de la Concorde
pour voir les défilés de la fête nationale.*

À six heures, les trois jeunes filles retournent au Minerve
pour se reposer un peu. Vautour et Pierre se postent en face 5
de l'hôtel. Il n'y a toujours aucun signe de la Renault grise.

*À huit heures, les jeunes filles sortent de l'hôtel et se
dirigent à pied vers la place Mouffetard. Puisque c'est le
quatorze juillet, tout le monde danse dans les rues. À la place
Mouffetard il y a même un petit orchestre qui joue des chan-* 10
sons populaires.

*Les trois jeunes filles ont l'air de chercher quelqu'un
dans la foule.*

Pierre : Elles semblent chercher quelqu'un, chef.

Vautour : Oui, Pierre. Je parie qu'elles ont rendez-vous 15
ici.

Pierre : Avec les jeunes gens ?

Vautour : Sans doute.

Pierre (Il regarde dans la direction des jeunes filles.) :
Regardez, chef ! Vous avez raison ! Les deux jeunes 20
gens viennent d'arriver !

Vautour : Ce qui m'inquiète, Pierre, c'est que monsieur
Beaubien ne se laisse pas voir.

Pierre : Oui, ça fait longtemps qu'on ne voit plus la Renault grise. 25

Vautour : Je sens, cependant, que c'est lui qui est à l'origine de la menace contre Christine.

Pierre : Je suis d'accord, chef.

Vautour : Je sens aussi qu'il n'est pas loin et qu'il va tenter sa chance ce soir. Il ne faut pas perdre Christine 30
de vue. À aucun prix, tu m'entends ?

Pierre : Oui, chef.

---

inquiéter — *to trouble*
loin — *far*
monde : tout le monde — *everyone*
parier — *to bet*
sentir — *to feel*

Exercices

A. **Vrai ou faux ?**
1. Les jeunes filles ont une réservation pour le dîner à *La Coupole*.
2. À minuit, les jeunes filles retournent à l'hôtel.
3. La Renault grise suit les filles partout.
4. Le quinze juillet est la date de la fête nationale française.
5. À la place Mouffetard les jeunes filles ont rendez-vous avec Vautour et Pierre.

B. **Corrigez les phrases suivantes.**
1. Les jeunes filles retournent à l'hôtel en métro.
2. Aujourd'hui, les jeunes filles repartent pour Nice.
3. Pour visiter la tour Eiffel les jeunes filles descendent à la station de métro *Anvers*.
4. Le centre Pompidou est un musée.
5. Les jeunes filles décident de passer la soirée du quatorze juillet à l'hôtel.

C. **Répondez en français aux questions suivantes.**
1. Pourquoi est-ce que les jeunes filles vont au *Sélect* ?
2. Qu'est-ce que les jeunes filles vont faire le matin du quatorze juillet ?
3. Qu'est-ce que les jeunes filles vont regarder sur les Champs-Élysées ?
4. Au centre Pompidou, qu'est-ce qui étonne les jeunes filles ?
5. Selon Vautour, qui est à l'origine de la menace contre Christine ?

D. **Trouvez dans le texte l'équivalent de :**
1. durant   3. douze heures du soir
2. sûr   4. surpris   5. rentrer

E. **Trouvez dans le texte le contraire de :**
1. arriver   3. loin
2. avoir tort   4. grand   5. ordinaire

F. **Trouvez dans le texte :**
1. une sorte de taverne
2. le fleuve qui traverse Paris   3. une couleur

G. **Utilisez chacune des expressions suivantes dans une phrase pour en démontrer le sens.**
1. ensemble   2. célèbre   3. à pied

Mini-project
With the aid of an encyclopedia or other reference materials in your school library, prepare and present to the class a report on the Eiffel Tower.

9

À la place Mouffetard, tout le monde est de bonne humeur et il est évident que les trois jeunes filles s'amusent beaucoup. Vers onze heures, pendant que Brigitte danse avec un des jeunes gens, Christine et Louise s'excusent pour aller à la toilette. Vautour en profite pour aller chercher des 5 verres de vin pour Pierre et lui. Il revient dix minutes plus tard.

Vautour : Christine est toujours à la toilette ?

Pierre : Oui, chef.

Vautour : Et Louise aussi ?

Pierre : Non, chef. Elle est assise à la table là-bas avec 10 Brigitte.

Dix minutes passent, et encore dix minutes. Christine ne sort toujours pas. À cet instant, Brigitte se lève et se dirige vers la toilette. Il est évident qu'elle va chercher Christine. Elle ressort presque immédiatement. Elle semble inquiète. 15

Brigitte (À Louise.) : Est-ce que tu as vu Christine ?

Louise : Elle n'est pas à la toilette ?

Brigitte : Non, la toilette est vide.

Les détectives sont près des jeunes filles pour écouter la conversation. Ils sont évidemment inquiets. Louise, Brigitte 20 et les deux jeunes gens commencent à chercher Christine dans la foule. Les détectives font la même chose. Après quinze minutes, il n'y a aucun signe de Christine. Sur le visage de Pierre il y a la panique. Comme Christine, les deux jeunes gens ont disparu. Brigitte et Louise sont très inquiètes. 25

Brigitte (Elle est très pâle.) : Ce n'est pas normal pour Christine de nous laisser comme ça.

---

disparaître — *to disappear*
écouter — *to listen to*
laisser — *to leave*
profiter (de) — *to take advantage (of)*

sortir — *to come out*
vide — *empty*
visage (m.) — *face*

Louise : Tu as raison, Brigitte.

Brigitte : J'ai des frissons quand je pense aux dangers qu'il y a pour une jeune fille seule à Paris.

Louise : Qu'est-ce qu'on va faire ?

Brigitte : Il faut retourner à l'hôtel. Si elle n'est pas là, il faut téléphoner à la police. 5

Louise : Bon, allons-y !

Entretemps, Vautour donne des instructions à Pierre.

Vautour (Il garde son calme, mais sa voix est très froide.) : C'est le kidnapping, Pierre. C'est certain. Évidem- 10 ment, monsieur Beaubien est un homme rusé et dangereux, mais nous avons un grand avantage sur lui.

Pierre : Quel avantage, chef ?

Vautour : Beaubien ne sait pas que nous sommes au courant de ses activités. Peut-être que Christine est ca- 15 chée dans sa maison.

Pierre : Vous avez raison, chef.

Vautour : Va chez Beaubien pour voir s'il y a quelque chose d'anormal. Moi, je vais passer à l'hôtel. J'ai une idée qui peut nous aider à résoudre ce kidnapping. 20 Ensuite, je vais à mon bureau. Rencontre-moi là-bas dans une heure. Nous n'avons pas de temps à perdre.

Pierre : Très bien, chef.

Une heure plus tard, Vautour est dans son bureau. Il est 25 *en train de relever des empreintes digitales sur une petite carte blanche quand Pierre entre, essoufflé.*

Pierre (Très excité.) : Chef, chef ! La maison de Beaubien est déserte ! Il n'y a aucun signe de vie ! Christine peut être cachée n'importe où dans Paris, ou même 30 à la campagne ! Nous sommes perdus !

---

anormal — *unusual*
courant : être au courant —
   to be aware of
empreintes (f.) digitales —
   finger-prints

essoufflé — *out of breath*
frisson (m.) — *shiver*
rencontrer — *to meet*
résoudre — *to solve*
rusé — *clever*

Vautour (Il met la petite carte blanche dans sa poche avec un sourire de satisfaction.) : Au contraire, Pierre. Si je ne me trompe pas, c'est Beaubien qui est perdu. Téléphone à ton ami à la police, l'inspecteur Lachance. Demande-lui de nous rencontrer à l'hôtel *Minerve* dans quinze minutes.   5

Exercices

A. **Vrai ou faux ?**
1. À la place Mouffetard, Brigitte danse avec Jacques Beaubien.
2. Pierre va chercher des verres de vin pour Vautour et lui.
3. Louise et Brigitte cherchent Christine dans la foule.
4. Louise et Brigitte décident de rester à la place Mouffetard.
5. Vautour dit à Pierre de téléphoner à la police.

B. **Choisissez la réponse juste.**
1. Christine et Louise s'excusent pour
   a) aller à la toilette;
   b) chercher des verres de vin;
   c) danser avec deux jeunes gens.
2. Selon Vautour, Christine est peut-être cachée
   a) à *La Coupole*;
   b) dans la toilette;
   c) chez Jacques Beaubien.
3. Pierre dit que la maison de Beaubien est
   a) pleine de criminels;
   b) très belle;
   c) déserte.

C. **Répondez en français aux questions suivantes.**
1. Quand Brigitte sort de la toilette, pourquoi est-elle inquiète ?
2. Qui aide Brigitte et Louise à chercher Christine ?
3. Selon Brigitte, pourquoi a-t-elle des frissons ?
4. Selon Vautour, comment est Jacques Beaubien ?

---

se tromper — *to be mistaken*

5. Que fait Vautour dans son bureau ?
6. Selon Pierre, où est-ce que Christine peut être cachée ?
7. Qui est l'inspecteur Lachance ?

D. Trouvez dans le texte l'équivalent de :
1. encore
2. un moment
3. tout de suite

E. Trouvez dans le texte le contraire de :
1. peu
2. finir
3. avant
4. normal
5. la ville

F. Trouvez dans le texte un mot de la même famille que :
1. évident
2. dangereux
3. actif

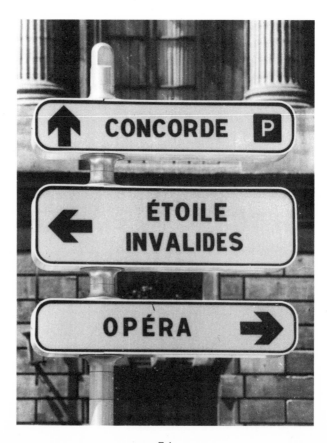

Mots Croisés

Horizontalement

3. une célèbre église parisienne
5. la place des artistes à Paris
6. un hôtel parisien
8. une ville du sud de la France
9. un restaurant dans la gare de Lyon
11. une des plus anciennes églises de Paris

Verticalement

1. le fleuve qui traverse Paris
2. la rue à Paris où se trouve *La Coupole*
4. une auto française
5. la capitale de la France
7. une célèbre tour parisienne
10. une station de métro parisienne

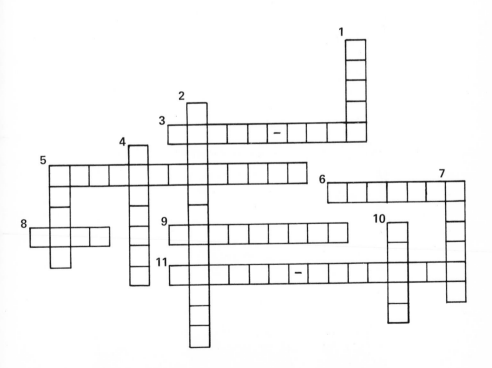

10

Un quart d'heure plus tard, les détectives entrent au Minerve. Dans le foyer de l'hôtel, l'inspecteur Lachance les attend déjà. Près de lui, deux policiers en uniforme interrogent Brigitte. Elle est en larmes.

Lachance (À Pierre.) : Alors, Pierre, qu'est-ce qui est si urgent ? C'est le quatorze juillet — il y a des milliers de jeunes filles qui rentrent tard le soir de la fête nationale. 5

Vautour : Ceci est un cas spécial, monsieur l'inspecteur.

Lachance (Il regarde Pierre avec un air de surprise.) : Depuis quand est-ce que tu travailles avec le plus célèbre détective privé de France ? 10

Pierre : Depuis six mois.

Vautour (À Lachance.) : Ce n'est pas le moment de faire des compliments, monsieur l'inspecteur. Nous n'avons pas de temps à perdre. Regardez ceci. 15

Vautour montre à l'inspecteur la lettre d'avertissement reçue par Philippe de Colbert à Nice.

Lachance (Très sérieux.) : Alors, c'est un kidnapping !

Vautour : Exactement. 20

Lachance (À un des policiers.) : Vite, il faut établir des barrages sur toutes les grandes routes ! Il faut surveiller les gares et les aéroports ! On a kidnappé Christine de Colbert !

Vautour : Monsieur l'inspecteur... 25

Lachance (Toujours très excité.) : Il nous faut une photo de mademoiselle de Colbert !

Vautour : Monsieur l'inspecteur...

---

avertissement: lettre (f.)
   d'avertissement — *warning letter*
barrage (m.) — *roadblock*
larmes: en larmes — *in tears*

milliers (m. pl.) — *thousands*
reçu — *received*
rentrer — *to return home*

Lachance : Il faut contacter monsieur de Colbert à Nice tout de suite !

Vautour (Toujours très calme.) : Monsieur l'inspecteur...

Lachance (À Vautour.) : Je regrette, mais je n'ai pas le temps de parler. Les kidnappeurs sont peut-être très loin de Paris maintenant. 5

Vautour (D'une voix très ferme.) : Monsieur l'inspecteur, calmez-vous et suivez-moi avec vos deux hommes. Je pense que j'ai une petite surprise pour vous.

Lachance (Un peu plus calme.) : Bon, monsieur Vautour, 10 vous avez une minute, c'est tout.

Vautour (À tout le monde.) : Suivez-moi.

Vautour monte silencieusement l'escalier, suivi de Pierre, de l'inspecteur Lachance et des policiers. Au troisième étage, il s'arrête devant la porte de la chambre 28. 15

Vautour (Aux deux policiers.) : Enfoncez la porte!

Les deux policiers hésitent. Ils regardent l'inspecteur Lachance. Il leur fait signe que «oui». Les policiers enfoncent la porte et foncent dans la chambre. Assise sur une chaise, Louise lève la tête aussitôt. Elle est en sanglots. À côté d'elle 20 *il y a un homme barbu d'une quarantaine d'années. Il a l'air d'un citoyen modèle. Il regarde les policiers, bouche bée. Étendue sur le lit dans un coin de la pièce il y a une jeune fille droguée et ligotée.*

Vautour (À Lachance.) : Vous n'avez plus besoin de pho- 25 to, monsieur l'inspecteur. (*Il indique la jeune fille sur le lit.*) Voici Christine de Colbert.

Pierre et l'inspecteur Lachance regardent Vautour d'un air d'étonnement et d'admiration.

---

aussitôt — *immediately*
bée : bouche bée — *open-mouthed*
citoyen (m.) — *citizen*
drogué — *drugged*
enfoncer — *to break open*
étendu — *stretched out*

étonnement (m.) — *astonishment*
foncer — *to rush*
ligoté — *tied up*
quarantaine (f.) — *about forty*
sanglots : en sanglots — *sobbing*

Pierre (Il indique l'homme à côté de Louise. Il porte main-tenant des menottes.) : Et ce monsieur s'appelle sans doute Jacques Beaubien.

Vautour : Exactement.

Beaubien et Louise quittent la chambre, escortés par les policiers. 5

Pierre : Mais quel est le rôle de Louise dans cette af-faire ?

Lachance : Je viens de parler avec elle. Monsieur Beau-bien, c'est son oncle. Il était au courant de la visite 10 des jeunes filles à Paris et a décidé d'en profiter. Les affaires vont très mal pour lui et il a besoin d'une pe-tite fortune pour sauver son entreprise. Il est déses-péré. Il a promis beaucoup d'argent à Louise pour son aide dans l'affaire. Il l'a assurée qu'on n'allait faire 15 aucun mal à Christine.

Vautour : Mais, à la dernière minute, Louise a décidé qu'elle ne voulait plus participer au kidnapping. Son oncle l'a forcée en lui faisant des menaces.

Lachance : Précisément, monsieur Vautour. 20

Vautour : Alors, Louise a décidé d'envoyer la lettre d'a-vertissement à monsieur de Colbert.

Pierre (À Vautour.) : Mais, chef, comment avez-vous su que la lettre d'avertissement était de Louise ?

Vautour sort la lettre de sa poche et la passe avec une 25 *loupe à son assistant.*

Vautour : Regarde bien ces empreintes digitales, Pierre.

Pierre les examine soigneusement.

Vautour (Il sort une petite carte blanche de sa poche.) : Maintenant, regarde le nom sur cette carte et les em- 30 preintes digitales.

---

affaires (f. pl.) — *business*
désespéré — *desperate*
empreintes (f.) digitales — *finger-prints*
loupe (f.) — *magnifying glass*
mal (m.) — *harm*

menottes (f. pl.) — *handcuffs*
profiter (de) — *to take advantage (of)*
savoir (p. p. su) — *to know*
soigneusement — *carefully*

Pierre : C'est la fiche d'inscription de l'hôtel, remplie par Louise.

Vautour : Et les empreintes digitales, Pierre ?

Pierre : Elles sont les mêmes, chef !

Vautour : Précisément.   5

Lachance (Il regarde Vautour avec respect.) : Mais pourquoi avez-vous soupçonné Louise, monsieur Vautour ?

Vautour : À cause des coïncidences, monsieur l'inspecteur. Il y en avait trop. Beaubien connaissait l'itiné-   10
raire des jeunes filles aussi bien que nous. Le premier soir à Paris, Louise est allée à la fenêtre de sa chambre pour tirer les rideaux. C'était un signal pour son oncle qui était dans son auto en face de l'hôtel.

Pierre : Et c'est Louise qui a accompagné Christine à la   15
toilette à la place Mouffetard !

Vautour : C'est elle aussi qui a drogué Christine et qui a aidé son oncle à passer Christine par les fenêtres de la toilette.

À ce moment, les deux jeunes gens qui étaient si sou-   20
vent avec les trois jeunes filles entrent dans la chambre.

Pierre (Il les regarde un instant avec étonnement, puis il se tourne très vite vers Lachance.) : Arrête-les ! Arrête-les ! C'est les complices de Beaubien ! Ils ont suivi Christine partout !   25

Tout de suite, l'inspecteur Lachance sort son revolver.

Vautour (Il a un sourire aux lèvres.) : Avant de mettre ces deux jeunes gens en prison, puis-je vous les présenter ?

Pierre (Stupéfait.) : Comment, chef ? ! ? Vous les con-   30
naissez ?

---

complice (m.) — *accomplice*
connaître — *to know*
fiche (f.) d'inscription —
   registration card
partout — *everywhere*

présenter — *to introduce*
rideau (m.) — *curtain*
soupçonner — *to suspect*
souvent — *often*
stupéfait — *astounded*

Vautour : Mais certainement, Pierre. *(À Pierre et à l'inspecteur Lachance.)* Messieurs, j'ai le grand honneur de vous présenter mes fils, Jean et Louis Vautour.

FIN

Exercices

A. **Vrai ou faux ?**
1. Au *Minerve*, des policiers interrogent Louise.
2. L'inspecteur Lachance est surpris de voir Marcel Vautour.
3. L'inspecteur Lachance ne croit pas qu'on a kidnappé Christine de Colbert.
4. Vautour dit aux policiers de fracasser la porte de la chambre 38.
5. Louise a aidé à droguer Christine.

B. **Corrigez les phrases suivantes.**
1. Pierre travaille avec Vautour depuis six ans.
2. La chambre 28 est au quatrième étage.
3. Jacques Beaubien est le cousin de Louise.
4. C'est Brigitte qui a accompagné Christine à la toilette à la place Mouffetard.
5. Les fils de Vautour s'appellent Guy et Michel.

C. **Répondez en français aux questions suivantes.**
1. Qui attend Vautour et Pierre au Minerve ?
2. Qui est-ce que l'inspecteur Lachance veut contacter tout de suite ?
3. Dans la chambre 28, où est Christine ? Comment est-elle ?
4. Pourquoi est-ce que Jacques Beaubien a décidé de kidnapper Christine ?
5. Qui a envoyé la lettre d'avertissement à monsieur de Colbert ? Pourquoi ?
6. Comment est-ce que Vautour a su que la lettre d'avertissement était de Louise ?

---

fils (m.) — *son*

7. Selon Vautour, quel est le signal que Louise a fait à son oncle?

8. En réalité, qui sont les *deux jeunes gens* ?

D. Trouvez dans le texte l'équivalent de :
1. immédiatement 3. exactement 5. sûrement
2. la surprise 4. la voiture

E. Trouvez dans le texte le contraire de :
1. le matin 3. sous 5. lentement
2. debout 4. bien

F. Ajoutez au nom de la personne dans la colonne de gauche des compléments de la colonne de droite:

Marcel Vautour
Pierre
Philippe de Colbert
Michel
Christine
Louise
Brigitte
les deux jeunes gens
l'inpecteur Lachance
Jacques Beaubien

1. est la fille de Phillipe de Colbert
2. est l'oncle de Louise
3. a la chambre 30
4. est un ex-sergent de police
5. est le secrétaire de Philippe de Colbert
6. dansent avec Christine et Louise
7. est un riche industriel
8. a les cheveux blonds
9. s'appellent Jean et Louis
10. est un détective privé
11. a les cheveux gris
12. est complètement chauve
13. a travaillé avec Pierre à la police
14. reçoit une lettre d'avertissement
15. habite la banlieue parisienne
16. possède un yacht
17. est barbu
18. est mince et petit
19. a accompagné Christine à la toilette à la place Mouffetard
20. est dévoué à Marcel Vautour
21. possède un jet privé
22. suggèrent *Le Soufflé* comme restaurant
23. est le président d'une maison d'édition
24. a trente-cinq ans
25. est le père des deux jeunes gens

Lexique

A

s'agir — *to concern*
année (f.) — *year*
anormal — *abnormal*
appareil : à l'appareil —
    on the telephone
appel (m.) — *call*
appuyer — *to press*
arrivée (f.) — *arrival*
ascenseur (m.) — *elevator*
s'asseoir — *to sit down*
assis — *seated*
attendre — *to wait*
aussitôt — *immediately*
avertissement (m.) — *warning*

B

barbu — *bearded*
bâteau (m.) mouche —
    sightseeing boat
bâtiment (m.) — *building*
besoin : avoir de besoin de —
    to need
bientôt — *soon*
boisson (f.) — *drink*
bras (m.) — *arm*
brasserie (f.) — *a type of French
    restaurant*
bureau (m.) — *office*

C

caché — *hidden*
café-terrasse (m.) — *sidewalk café*
campagne (f.) — *country*
cas : en tout cas — *in any case*
célèbre — *famous*
chaque — *each*
chauve — *bald*

cher, chère — *dear*
cheveux (m. pl.) — *hair*
citoyen (m.) — *citizen*
coin (m.) — *corner*
colonne (f.) — *column*
commander — *to order*
conduire — *to drive*
confiance : faire confiance —
    to trust
connaître — *to know*
contraire (m.) — *opposite*
copain (m.) — *friend*
correspondance (f.) — *transfer*
à côté de — *beside*
se coucher — *to go to bed*
courant : être au courant —
    to be aware
court — *short*
croire — *to believe*

D

d'abord : tout d'abord —
    first of all
d'accord — *O.K., fine*
debout — *standing*
dedans — *inside*
déjeuner (m.) — *lunch*
demain — *tomorrow*
démarrer — *to take off*
démontrer — *to show*
descendre — *to go down;
    to get off*
dévoué — *devoted*
disparaître — *to disappear*
droguer — *to drug*
droite (f.) — *right*
durant — *during*

E

également — *also*
église (f.) — *church*
emmener — *to take*
encore — *still ;* pas encore — *not yet*
endormi — *asleep*
enfin — *finally*
ensemble — *together*
ensuite — *next*
entrée (f.) — *entrance*
entretemps — *in the meantime*
envoyer — *to send*
épais — *thick*
escalier (m.) — *staircase*
établir — *to set up*
étage (m.) — *storey, floor*
étonné — *astonished*
expliquer — *to explain*

F

face : en face de — *across from*
faim : avoir faim — *to be hungry*
fameux — *famous*
fatigué — *tired*
faut : il faut — *it is necessary*
faux — *false*
feuille (f.) — *slip, piece*
fille (f.) — *girl*
fils (m.) — *son*
finalement — *finally*
fleuve (m.) — *river*
foule (f.) — *crowd*
fréquenter — *to attend*
froid — *cold*

G

garder — *to keep*
gare (f.) — *railway station*
gauche : à gauche — *on the left*
gens : jeunes gens (m. pl.) — *young men*
gris — *grey*

H

heure : à tout à l'heure — *see you soon*
heureux — *happy*

I

impressionné — *impressed*

incroyable — *incredible*
inquiet — *worried*
s'inquiéter — *to worry*

J

jamais — *never*
jardin (m.) — *garden*
journal (m.) — *newspaper*
juillet (m.) — *July*
juste — *correct*

L

lendemain (m.) — *the next day*
lentement — *slowly*
libre — *free*
librement — *freely*
loin — *far*
lumière (f.) — *light*

M

magasin (m.) — *store;* magasin à rayons — *department store*
mal — *poorly*
mal (m.) — *harm*
matin (m.) — *morning*
marque (f.) — *type, brand*
le meilleur — *the best*
même — *same*
merveilleux — *fantastic*
mois (m.) — *month*
monter — *to go up*
mort (f.) — *death*
mot (m.) — *word*
musée (m.) — *museum*

N

nerveux — *nervous*
nom (m.) — *name*
nuit (f.) — *night*

O

ouvrir — *to open*

P

pas (m.) — *step*
pauvre — *poor*
perdre — *to lose*
perdu — *lost*
phrase (f.) — *sentence*
pièce (f.) — *room*
pied : à pied — *on foot*
place (f.) — *square*

plaque (f.) — *licence plate*
plein — *full*
pleut : il pleut — *it is raining*
précisément — *exactly*
près : à peu près — *approximately ;* de près — *closely*
prêt — *ready*
privé — *private*
prix : à tout prix — *at all costs*
projet (m.) — *plan*
se promener — *to take a walk*

Q

quai (m.) — *platform*
quartier (m.) — *district*
quitter — *to leave*

R

raison : avoir raison — *to be right*
rapport (m.) — *report*
récepteur (m.) — *receiver*
recevoir (p.p. *reçu*) — *to receive*
réellement — *truly*
remercier — *to thank*
remplir — *to fill in*
rendez-vous (m.) — *date, appointment*
repas (m.) — *meal*
réponse (f.) — *answer*
se reposer — *to rest*
requin (m.) — *shark*
rester — *to remain*
route : en route ! — *let's go !*

S

sauver — *to save*
savoir — *to know*
selon — *according to*
sembler — *to seem*
sens (m.) — *meaning*
sérieux — *serious*
soirée (f.) — *evening*
soleil (m.) — *sun*
sommet (m.) — *top*
sortie (f.) — *exit*
sortir — *to leave ; to take out*
soudain — *suddenly*
souterrain — *underground*
souvent — *often*
stationner — *to park*
sud (m.) — *south*
suivre — *to follow*

sûr — *certain ;* bien sûr — *certainly*
surpris — *surprised*
surveiller — *to watch*

T

tard — *late ;* plus tard — *later*
tirer — *to pull*
tort : avoir tort — *to be wrong*
toujours — *still*
tout à coup — *suddenly*
tout de suite — *immediately*
trapu — *stocky*
traverser — *to cross*
trouver — *to find*
se trouver — *to be located*
tuyau (m.) — *pipe*

U

utiliser — *to use*

V

verre (m.) — *glass*
vie (f.) — *life*
vieux — *old*
vif, vive — *bright*
vin (m.) — *wine*
visage (m.) — *face*
vite — *quickly*
vitesse : à toute vitesse — *at top speed*
vitrine (f.) — *window*
voiture (f.) — *car*
voix (f.) — *voice*
vrai — *true*